BEI GRIN MACHT SICH IHR WISSEN BEZAHLT

Bibliografische Information der Deutschen Nationalbibliothek:

Die Deutsche Bibliothek verzeichnet diese Publikation in der Deutschen National-
bibliografie; detaillierte bibliografische Daten sind im Internet über http://dnb.d-
nb.de/ abrufbar.

Dieses Werk sowie alle darin enthaltenen einzelnen Beiträge und Abbildungen
sind urheberrechtlich geschützt. Jede Verwertung, die nicht ausdrücklich vom
Urheberrechtsschutz zugelassen ist, bedarf der vorherigen Zustimmung des Verla-
ges. Das gilt insbesondere für Vervielfältigungen, Bearbeitungen, Übersetzungen,
Mikroverfilmungen, Auswertungen durch Datenbanken und für die Einspeicherung
und Verarbeitung in elektronische Systeme. Alle Rechte, auch die des auszugsweisen
Nachdrucks, der fotomechanischen Wiedergabe (einschließlich Mikrokopie) sowie
der Auswertung durch Datenbanken oder ähnliche Einrichtungen, vorbehalten.

Impressum:

Copyright © 2014 GRIN Verlag
Druck und Bindung: Books on Demand GmbH, Norderstedt Germany
ISBN: 9783668646247

Dieses Buch bei GRIN:

https://www.grin.com/document/413996

Alessa Jaumann

Gruppentraining und die Planung einer Wirbelsäulen-gymnastik-Einheit

Die Erstellung einer eigenen Kurseinheit

GRIN Verlag

GRIN - Your knowledge has value

Der GRIN Verlag publiziert seit 1998 wissenschaftliche Arbeiten von Studenten, Hochschullehrern und anderen Akademikern als eBook und gedrucktes Buch. Die Verlagswebsite www.grin.com ist die ideale Plattform zur Veröffentlichung von Hausarbeiten, Abschlussarbeiten, wissenschaftlichen Aufsätzen, Dissertationen und Fachbüchern.

Deutsche Hochschule für Prävention und Gesundheitsmanagement

Hermann Neuberger Sportschule 3

66123 Saarbrücken

Einsendeaufgabe

Fachmodul: Gruppentraining 1

Studiengang: Bachelor of Arts Fitnesstraining

Version Studienbrief: Februar 2013, rev.09.009.000

(Datum des Vorwortes, Versionsnummer in Fußzeile des Studienbriefes)

aName, Vorname: Jaumann, Alessa

Studienort: **Frankfurt-Kelsterbach**

Semester: **2**

Inhalt

Aufgabe 1)

a) **Phasenverlauf im Gruppentraining**

„Als Gruppentraining werden alle fitnessorientierten Kurse bezeichnet, die in der Gruppe (i.d.R. unter Musikbegleitung) ausgeführt und von einem speziell ausgebildeten Gruppentrainer geleitet werden." (vgl. Reiß/Fikenzer,2013, S.8)

In Punkt 1 soll im Rahmen der Ausbildung, des dualen Studiums an einem kraftorientierten Kurs innerhalb des Ausbildungsbetriebes teilgenommen werden. Im Ausbildungsbetrieb der Autorin werde keine Kurse angeboten, deshalb wird das Fitnessstudio aufgesucht, in welchem auch privat trainiert wird.

Das Kursangebot in diesem Fitnessstudio bietet einen Shape-Kurs an. Darunter versteht sich ein gezieltes figurformendes Workout, bei dem Bauch, Beine, Po, Dekolleté und Oberarme im Trainingsmittelpunkt stehen. Effektive Übungen ohne Schrittfolgen und der Einsatz von verschiedenen Kurstrainingsgeräten erhöhen den Trainingseffekt.

An diesem Kurs wurde teilgenommen. Der Kurs wird eher den fortgeschrittenen, trainierten Personen empfohlen. Der Kurs beginnt um 18.30 Uhr und endet um 19.15 Uhr, die Kursdauer beläuft sich also auf 45 Minuten. Die Teilnehmeranzahl kann variieren, an dem besuchten Kurs haben 16 Frauen teilgenommen.

Um erfolgreich im Bereich des Gruppentrainings zu agieren, ist die Gestaltung und der Aufbau einer Kurseinheit entscheidend. Um einen langfristigen Trainingserfolg der Kunden zu garantieren, reicht eine planlose Aneinanderreihung von Schritten und Choreografien nicht aus (vgl. Reiß/Fikenzer, 2013, S.52).

Bei der Planung einer Kurseinheit im Bereich des Gruppentrainings gibt es daher ein grundlegendes Prinzip: Die Drei-Phaseneinteilung. Bei dieser unterscheidet man zwischen Einleitung, Hauptteil und Schlussteil.

Abb.1: Aufbau einer Trainingseinheit (vgl. Reiß/Fikenzer,2013, S.53)

Abbildung 1 zeigt die Einteilung in Einleitung, Hauptteil und Schlussteil noch einmal genau auf. Es ist wichtig, alle drei Phasen gleichmäßig zu beachten und keine auszulassen oder zu verkürzen. Der Trainingserfolg könnte durch Auslassung oder Verkürzung einer Phase vermindert werden. Zudem steigt das Verletzungsrisiko oder die Gefahr der Überforderung der Teilnehmer (vgl. Reiß/Fikenzer, 2013, S.53).

Die erste Phase, die Einleitung, wird aus einer Begrüßung, einem allgemeinen Warm-up und einem speziellen Warm-up gebildet. Jede Stunde sollte mit einer freundlichen Begrüßung und gegebenenfalls mit einer kurzen persönlichen Vorstellung der Gruppentrainers beginnen. Zudem sollten sowohl allgemeine Hinweise zum Ablauf und Verlauf des Kurses, als auch technische Hinweise zur Ausführung einzelner Übungen angesprochen werden. Die Einweisung von Neukunden durch den Gruppentrainer sollte keineswegs ausgelassen werden.

Die Trainingseinheit beginnt nach den einführenden Worten mit einer allgemeinen Erwärmung. Diese ist besonders wichtig um den Teilnehmern einen Übergang vom Alltag zum Training zu verschaffen und sie somit mental auf das Training einzustimmen. Außerdem wird durch diese allgemeine Erwärmung die psychovegetative Leistungsbereitschaft erhöht und unser Herz-Kreislauf-System wird optimal auf die nachfolgende Beanspruchung vorbereitet.

Verbesserte Blutzirkulation und somit eine verbesserte Sauerstoffversorgung, ein angeregter Stoffwechsel und demnach eine erhöhte Produktion von Gelenkflüssigkeit zur Vorbeugung von Verletzungen und eine erhöhte Körpertemperatur, gehören ebenfalls zu den Zielen bzw. den Auswirkungen der allgemeinen Erwärmung.

4

Aus der allgemeinen Erwärmung geht die spezielle Erwärmung optimaler Weise flüssig über. Die spezielle Erwärmung orientiert sich demnach schon direkt am Thema des nachfolgenden Hauptteils. In die spezielle Erwärmung werden schon kleine Schrittkombinationen oder vereinfachte Übungen integriert, die den Teilnehmern helfen sollen, spätere Anforderungen besser zu erfüllen. Die im Hauptteil geforderten Muskelgruppen und Bewegungsabläufe werden bei der speziellen Erwärmung verstärkt vorbereitet. Zudem soll eine Gewöhnung an das im Hauptteil verwendete Kleingerät stattfinden (vgl. Reiß/Fikenzer, 2013, S.54). Es ist auch hierbei wichtig auf eine langsame aber stetige Belastungssteigerung zu achten um optimal auf den Hauptteil vorzubereiten und das Verletzungsrisiko zu mindern.

Nach der Begrüßung, der allgemeinen und der speziellen Erwärmung folgt der Hauptteil. In diesem wird das eigentliche Ziel, in diesem Fall kraftorientiert, umgesetzt und die Trainingsintensität ist in diesem am höchsten. Der Schwerpunkt in kraftorientierten Kursen liegt auf dem Training der Kraftausdauer, der Erhöhung des Kalorienverbrauchs und der Haltungsverbesserung (vgl. Reiß/Fikenzer, 2013, S.59). Bei der Auswahl der Inhalte bzw der Übungen sollte der Trainer darauf achten, dass die Reihenfolge vom Leichten zum Schweren, vom Einfachen zum Komplexen und vom Bekannten zum Unbekannten eingehalten wird.

Neben den genannten didaktischen Prinzipien vom Leichten zum Schweren, vom Einfachen zum Komplexen und vom Bekannten zum Unbekannten gilt es zwei allgemeinen Trainingsprinzipien zu berücksichtigen.

1. Prinzip der progressiven Belastungssteigerung
2. Prinzip der Variation

Unter dem Prinzip der progressiven Belastungssteigerung versteht man das erhohen der Widerstande mit der im Verlaufe des Trainings zunehmenden Kraftfähigkeit (vgl. Reiß/Fikenzer, 2013, S.60).

Besitzt die zu trainierende Gruppe ein gewissen Leistungsniveau d.h den Teilnehmern sind die Grundübungen bekannt und diese werden technisch korrekt und sauber ausgeführt, so kann der Trainer mit der Belastung variieren, indem er die Bewegungsgeschwindigkeit oder Wiederholungszahl verändert, Kleingeräte einsetzt oder die Trainingsform wechsel (z.b Mattentraining, Zirkeltraining).

Im folgenden wird der optimale Phasenverlauf mit dem Verlauf des getesteten Kurses verglichen und analysiert.

Wie in Abbildung 1 ersichtlich wird der Schlussteil aus dem Cool Down 1 und/oder Cool Down 2 und der Verabschiedung gebildet.

Nach dem kraftorientierten Hauptteil gilt es nun wieder die Herz-Kreislauf-Tätigkeit in ihren Ausgangszustand zurückzubringen, die Körpertemperatur und auch den Puls zu senken, die Muskulatur zu dehnen, zu lockern und zu entspannen und zudem die Teilnehmer mental zu beruhigen. Dieses Ziele gilt es mit dem abschließenden Cool Down zu erreichen. Man unterscheidet zwischen Cool Down 1 und 2, wobei das Cool Down 1 hauptsächlich den Schlussteil bei ausdauerorientierten Gruppenkursen einleitet. Der Puls wird im Cool Down 1 durch immer kleiner werdende Bewegungen gesenkt (<120 Schläge pro Minute), außerdem werden alle Bewegungen langsamer und mit niedriger Intensität durchgeführt (vgl. Reiß/Fikenzer, 2013, S.61)

Zum Abschluss der Stunde findet der Cool Down 2 statt, welcher Lockerungs-, Dehnungs- und Entspannungsübungen beinhalten und gegebenenfalls einen flüssigen Übergang zum Stand schaffen soll. Die letzten Übungen finden im Stand statt und der Gruppentrainer besitzt auch hier, ähnlich wie in der Einleitung, die Möglichkeit abschließend noch ein paar Worte zum Stundenverlauf loszuwerden, den Teilnehmern ein Feedback zu geben oder sich Anregungen einzuholen.

Im folgenden soll nun der optimale Verlauf einer Kurseinheit mit dem Verlauf des getesteten kraftorientierten Kurs analysiert und verglichen werden.

Tab.1: Vergleich optimaler Phasenverlauf der Einleitung mit Einleitung im getestetem Kurs

Einleitung		
optimal	Abschnitt	Verlauf getesteter Kurs
• persönliche Vorstellung • Einführende Sätze	Begrüßung	• Trainerin hat sich persönlich mit Namen vorgestellt • einführende Sätze zum Aufbau/Ablauf des Kurses

• technische Hinweise		• technische Hinweise sind ausgeblieben
• Einweisung von Neukunden		• Trainerin hat sich nur nach neuen Teilnehmern erkundigt
• motivierende Worte		
• mentale Einstimmung • Erhöhung Leistungsbereitschaft • Vorbereitung Herz-Kreislauf-System • Erhöhung Körpertemperatur	Allgemeine Erwärmung	• mentale Einstimmung • Erhöhung Leistungsbereitschaft, Vorbereitung Herz-Kreislauf-System und Erhöhung der Körpertemperatur durch Schritte aus dem Low-Impact Bereich
• Vorbereitung Muskelgruppen • Vorbereitung Bewegungsabläufe • Gewöhnung an Trainingsgeräte	Spezielle Erwärmung	• Vorbereitung Muskelgruppen • Vorbereitung Bewegungsabläufe • Gewöhnung an Trainingsgeräte

Tab.2: Vergleich optimaler Phasenverlauf des Hauptteils mit dem Hauptteil im getestetem Kurs

Hauptteil		
• vom Leichten zum Schweren • vom Einfachen zum Komplexen • vom Bekannten zum Unbekannten • Prinzip der progressiven Belastungssteigerung • Prinzip der Variation	kraftorientiert	• vom Leichten zum Schweren • Prinzip der Variation

Tab.3: Vergleich optimaler Phasenverlauf des Schlussteil mit dem Schlussteil im getestetem Kurs

Schlussteil		
	Cool Down 1	
• Lockerungsübungen • Dehnübungen	Cool Down 2	• Lockerungsübungen • Dehnübungen
• abschließende Worte • Feedback einholen • Anregungen • Hinweis auf Aktivitäten des Studios	Verabschiedung	• abschließende Worte

Der getestete Shape-Kurs ist weitestgehend gelungen. Trotz gelungener Heranführung an die Bewegungsabläufe durch die Trainerin, würde ich den Kurs für Fortgeschrittene bzw. trainierte Teilnehmer empfehlen. Die hohen Belastungen während des Hauptteil könnten für Trainingsbeginner einen demotivierenden Einfluss haben.

Auch wenn diese Kursstunde überwiegend gelungen war gibt es wenige Kritikpunkte bzw. Verbesserungsvorschläge. Die persönliche Vorstellung und die motivierenden Worte zur Begrüßung waren vorhanden, wichtiger wären jedoch technische Hinweise zur Ausführung und die Einweisung der neuen Mitglieder gewesen, welche leider nicht bzw. kaum vorhanden war. Zur Einleitung gehören wie vorrausgehend schon erwähnt, auch die allgemeine und die spezielle Erwärmung, welche im Falle des getesteten Kurses gut durchdacht wurde und die Erfüllung aller Ziele mit sich brachte.

Der Hauptteil war sehr umfangreich und zudem abwechslungsreich, da alle Muskelpartien von den Armen, über Schulter, Brust, Bauch bis hin zu Gesäß und Beinen mit einbezogen wurden. Durch die Veränderung der Bewegungsgeschwindigkeit und den Einsatz von Kleingeräten (Step-Brett, Hanteln) wurde der Kurs durchaus interessant. Positiv zu bewerten ist die Erklärung der Einzelnen Übungen bzw. Bewegungsabläufe der nachfolgenden Übungen. Auch die Haltungskorrektur und die Korrektur bei der Ausführung der Übungen kam nicht zu kurz.

Im Schlussteil wurde der Cool Down 1 eher vernachlässigt. Der Cool Down 2 wurde mit Dehnübungen am Boden, einem Übergang zum Stand und darauf folgenden Dehnübungen im Stand gut abgedeckt. Zum Ende der Kurseinheit wurde einige Male tief ein und ausgeatmet und mit einem Applaus abgeschlossen.

Ein klares Feedback des Gruppentrainers und eine Zusammenfassung der Stunde zum Abschluss wären wünschenswert gewesen.

b) Trainerverhalten im besuchten kraftorientierten Kurs

Der Gruppentrainer trägt einen entscheidenden Beitrag zum Erfolg eines Kursbereiches bei. Besonders wird Wert auf die persönliche Betreuung durch das Service-Personal und den Trainer gelegt. „Dementsprechend entscheidet der Gruppentrainer über Erfolg und Misserfolg seiner Kurse. Das bedeutet eine hohe Verantwortung und stellt an den Gruppentrainer hohe Anforderungen. Er muss gleichzeitig mehrere Funktionen erfüllen" (vgl. Reiß/Fikenzer, 2013, S.64)

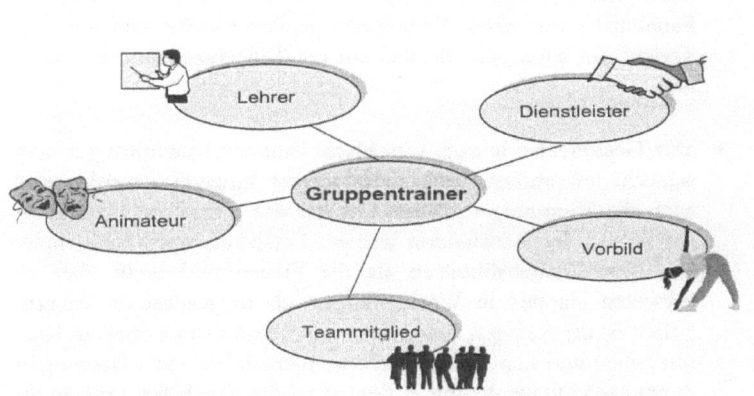

Abb.2: Funktionen des Gruppentrainers (vgl. Reiß/Fikenzer, 2013, S.64)

Ein Gruppentrainer unterliegt mehrer Funktion, die er als Trainer unbedingt erfüllen sollte. Es wird nachfolgend auf die Funktionen als Lehrer, Dienstleister, Animateur und Vorbild eingegangen

9

1. Funktion des Lehrers

Die Funktion des Lehrers wurde von der Gruppentrainerin im besuchten Kurs nur teilweise optimal umgesetzt. Sie hat sich nach neuen Teilnehmern erkundigt und einige Informationen über den Ablauf der Stunde preisgegeben, jedoch wurde die Wahl der Hantelgewichte jedem Teilnehmer individuell überlassen und auch keine Information dazu gegeben. Positiv hervorzuheben ist die Bekräftigung durch die Gruppenleiterin, Fragen während oder nach dem Kurs zu stellen.

Der Kursleiter hatte während des gesamten Kurses durchgehend eine ausgezeichnete Technik, sowohl bei der Führung der Hanteln, als auch bei der Ausführung der einzelnen Übungen, wie zum Beispiel den tiefen Kniebeugen, bei denen die Knie hinter den Fußspitzen zurückbleiben. Die einzelnen Übungen wurden zuerst von der Gruppentrainerin vorgezeigt, daraufhin folgte ein gemeinsames Üben und anschließend ein gemeinsames Durchführen der jeweiligen Übung. Die Trainer machte darauf aufmerksam, die im Raum enthalten Spiegel zur Haltungsüberprüfung zu benutzen. Durch die Trainerin erfolgten immer wieder Korrekturen, z.B die Übungen im größtmöglichen Bewegungsradius auszuführen, die Schultern tief zu lassen, oder den Rücken gerade zu lassen. Es war dennoch nicht zu 100% möglich die gesamte Gruppe in eine optimale Haltung zu bringen.

2. Funktion des Dienstleisters

Die Gruppentrainerin war stets freundlich und bereits 15 Minuten vor Kursbeginn im Kursraum. Es war somit genügen Zeit vorhanden den Kursteilnehmern die Ablauf und die Zielsetzung des anschließenden Kurses zu erklären. Es wäre auch genügend Zeit vorhanden gewesen die neuen Teilnehmer optimal einzuweisen und die Einführung bzw. den Einsatz der Kleingeräte (hier Hanteln) zu erklären und auf die Wahl des Gewichtes zu verweisen.

Die Betreuung während des Kurses war immer gewährleistet, wie bereits in der Lehrerfunktion beschrieben, hatte die Gruppentrainerin immer ein Auge auf die Kursteilnehmer. Nach dem Ende des Kurses blieben lediglich ca. 5 Minuten Zeit um die Gruppentrainerin anzusprechen bzw. sich mit der Gruppentrainerin auszutauschen, da gleich darauf der nächste Kurs folgte. Die äußeren Rahmenbedingungen des Raumes waren weitestgehend in Ordnung, es wurde für ausreichend frische Luft gesorgt, die Musik und Lichtanlage waren ebenfalls in Ordnung. Soweit die angesprochenen Punkte im Ermessen des Gruppentrainers liegen, war die Funktion des Dienstleister erfüllt.

3. Funktion des Animateur

Die Eigenmotivation der Gruppentrainerin war optimal, was sie die Teilnehmer auch durch ihre Begeisterung und ihren Spaß an diesem Kurs spüren ließ. Sie hat die Teilnehmer motiviert und die Teilnehmer dazu gebracht alles im Kurs zu geben. Sie sprach zudem häufiges Lob aus, wenn sie eine Verbesserung in den Bewegungsabläufen oder der Haltung der Teilnehmer bemerkte. Etwaige Alltagssorgen von Seiten der Gruppentrainerin blieben unbemerkt, da sie ihre Aufmerksamkeit komplett auf die optimale Durchführung und Motivation des Kurses bzw. der Kursteilnehmer legte.

4. Funktion des Vorbilds

Die Trainerin bewies sportliches Auftreten, was nicht nur an ihren Klamotten und ihrer Haltung ersichtlich wurde. Die Übungen während des Kurses wurden sehr gut vorgemacht und größtenteils auch selbst mitgemacht. Hinweise zur gelenkschonenden Ausführungsweise wie z.B das rückengerechte tief gehen auf die Matte war vorbildtauglich. Alles in Allem legte die Trainerin ein vorbildliches Verhalten an den Tag, da sie sich mit Sicherheit über die Beobachtung von Seiten der Kursteilnehmer bewusst war.

Aufgabe 2)

In Punkt 2 soll nun eine Kurseinheit zum Thema Wirbelsäulengymnastik geplant werden. Im folgenden wird der Kursraum, die Ausstattung, die Zielgruppe und alles zur Durchführung notwendige, stichpunktartig aufgelistet.

Tab.4: Rahmenbedingungen für die Kurseinheit

Wann	Dienstag nachmittags 17.00- 17.45
Kursraum	<ul><li>90m² nutzbare Bodenfläche (6m lang, 15m breit)</li><li>Rechteckig</li></ul>
Ausstattung	<ul><li>Musikanlage mit 4 Boxen vorhanden</li><li>Lichtanlage vorhanden</li><li>8 Spiegel</li></ul>

	<ul><li>4 große Fenster</li><li>34 Step-Aerobic Bretter</li><li>50 Matten</li><li>Hanteln mit 1,2 oder 3kg Gewicht (jeweils 15 Paare)</li><li>keine Klimaanlage, dafür einen Ventilator</li></ul>
Zielgruppe	Anfänger bis Fortgeschritten, trainiert
Altersangabe	
Teilnehmerzahl	20-25, damit der Trainer optimal auf alle Personen eingehen bzw. diese korrigieren und auf eine optimale Haltung achten kann
Allgemeine Ziele	<ul><li>Prävention</li><li>Rehabilitation</li><li>Verbesserung der Körperwahrnehmung</li><li>Mobilisation</li><li>Kräftigung</li><li>Dehnung und Entspannung</li></ul>
Spezielle Ziele	<ul><li>Kräftigung der Rumpfmuskulatur</li></ul>
Benötigtes Material	<ul><li>Matten</li><li>Handtücher</li><li>Trinken</li><li>bequeme Sportkleidung</li></ul>

Im Folgenden gilt es nun den geplanten Stundenverlauf der Wirbelsäulengymastik mit optimaler Phaseneinteilung darzustellen.

Tab.5: Warm-up für geplanten Wirbelsäulengymnastikkurs

Phase: allgemeines Warm-up (ca. 5 Minuten)					
Ziel der Übung	Name/ Bezeichnung	Beschreibung	Belastungsgefüge	Kommentar/Hinweise
• Herz-Kreislauf Einstimmung	• March	• Auf der Stelle marschieren		• Füße gut abrollen
• Mobilisation Fußgelenk	• side to side	• breite Grundposition, Gewicht auf rechtes Standbein, linke Fußspitze des Spielbeins tippt (abwechselnd)	5 Minuten	• Ferse bewusst aufsetzen
• mentale Einstimmung	• knee lift	• Beine abwechselnd gebeugt anheben		
• Leistungsbereitschaft erhöhen	• V-Step	• geschlossener Stand, Beine öffnen wie ein V		
• Erhöhung Temperatur	• lunge back	• Ein Bein nach hinten, mit dem Ballen ausetzen, Spielbein wieder zurück in STandposition		• Oberkörper leicht vorneigen, hinterer Fuß mit 1/3 Gewicht belasten

Tab.6. spezielles Erwärmen für geplante Kurseinheit

Phase: spezielles Erwärmen (ca.5 Minuten)	Ziel der Übung	Name der Übung	Übungsbeschreibung	Belastungsgefüge	Bemerkungen/ Hinweise
	Flexion und Extension der Wirbelsäule	Rückenstrecker „Katzenbuckel"	• Squatposition + Rücken auf und abrollen	5 Minuten	• langsam und neutral geführte Bewegungen ohne Schwung
	Lateralflexion der Wirbelsäule		• Squatposition, Hüfte bleibt neutral, Wirbelsäule lateral beugen (rechts und links)		
	Rotation der Wirbelsäule		• Squatposition, Hüfte neutral, Wirbelsäule rotiert nach rechts und links		

14

Tab. 7: Hauptteil der geplanten Kurseinheit

Phase: Hauptteil (ca. 30 Minuten)

Ziel der Übung	Name der Übung	Übungsbeschreibung	Belastungsge-füge	Bemerkung
Kräftigung Bauch	Gerader Crunch	Ausgangsposition: Rückenlage auf dem Boden einnehmen, Beine sind angewinkelt und Füße aufgestellt. Hände werden vor Brustkorb verschränkt Bewegungsbeschreibung: Der Schultergürtel wird bis zur Lendenwirbelsäule von der Unterlage aufgerollt. Anschließend wieder ins Ausgangsposition.	2-3 Sätze je 16-32 Wiederholungen	Ausatmen, wenn der Oberkörper abgerollt wird, einatmen beim Absenken
Kräftigung Bauch	Beckenanheben	Ausgangsposition: Rückenlage auf dem Boden einnehmen. Die Oberschenkel zeigen senkrecht nach oben, Kniegelenke sind gebeugt, Schultergürtel am Boden Bewegungsbeschreibung: Becken aufrollen + Beine in Richtung Schultergürtel ziehen, Becken von der Lendenwirbelsäule her wieder zum Boden ablegen und zurück in Ausgangsposition	2-3 Sätze je 16-32 Wiederholungen	Ausatmen, wenn Becken angehoben wird, Einatmen beim Absenken
Kräftigung seitliche Rumpfmusku-latur	Seitl. Rumpfmuskulatur Beine he-ben	Seitlage, Beide Beine gestreckt , beide Beine anheben und wieder senken	2-3 Sätze 16 Wiederholun-gen	Hüfte stabilisie-ren

Ziel der Übung	Name der Übung	Übungsbeschreibung	Belastungsge-füge	Bemerkung
Kräftigung Rücken	Oberkörperanheben aus der Bauchlage	Ausgangsposition: Bauchlage auf dem Boden einnehmen, Kopf in Verlängerung der WS, Blickrichtung nach unten. Zehen fest in den Boden drücken, Grundspannung im Rücken aufbauen. Arme gestreckt über den Kopf. Bewegungsbeschreibung: Oberkörper mit nach vorne fixierten Armen leicht vom Boden abheben	2-3 Sätze je 16-32 Wiederholungen	Oberkörper + Oberschenkel bilden eine Linie
Kräftigung Rücken	Vierfüßlerstand im Unterarmstütz	Ausgangsposition: Vierfüßlerstand am Boden einnehmen, physiologische Rückenhaltung, Kopf in Verlängerung der WS, Oberkörper auf Unterarmen abgestützt, Becken und Beinde auf Ballen abgestützt, Oberschenkel parallel zum Boden. Bewegungsbeschreibung: Ein Bein vom Boden abheben, Fußspitze Richtung Schienbein ziehen, gestrecktes Bein nach oben führen, bis Oberkörper und Oberschenkel eine Linie bilden	2-3 Sätze je 16-32 Wiederholungen	Auf konstante Atmung und Grundspannung achten
Kräftigung Po und Rücken	Diagonales Arm-Bein-Heben	Vierfüßlerstand, rechte Ferse nach hinten und linken Arm nach vorne	Statisch halten 8-10 mal ca 10-15 sec	Oberkörper stabilisieren, Nacken „lang", Blickrichtung Boden

Tab.8: Cool Down bei der geplanten Kurseinheit

Phase: Cool Down 2 (ca. 3 Minuten)			
Ziele: Erhaltung Beweglichkeit, Einleitung Regeneration, Steigerung des Wohlbefindens			
Ziel der Übung/ Name	Übungsbeschreibung	Belastungsgefüge	Bemerkungen
Rückenstrecker „Katzenbuckel"	Kniestand; Hände schulterbreit aufstellen, Rücken rundmachen und nach oben schieben, Kopf dabei hängen lassen	30 sec. halten	Leicht gebeugte Ellenbogen
Seitliche Rumpfmuskulatur	Kniestand; rechten Arm seitlich abstützen und linkes Bein zur Seite strecken, linken Arm diagonal nach oben ziehen, wiederholung auf der anderen Seite	30 sec. halten	
Dehnung Bauch	Rückenlage; Arme nach oben strecken, Fersen nach unten schieben; tief in den Bauchatmen	30 sec. halten	Schultern und Nacken entspannt lassen
Dehnung seitlicher Bauch	Rückenlage; Beine im Kniegelenk anwinkeln, angewinkelte Beine nacheinander zur Seite auf den Boden ablegen	30 sec. halten	Schultergürtel permanent am Boden
Dehnung seitliche/hintere Nackenmuskulatur	Standposition; Füße etwas mehr als hüftbreit, die Knie sind leicht angewinkelt, der Kopf wird zur Seite geneigt (rechts und links), danach wird der Kopf nach vorne geneigt	Jeweils 20 sec. halten	Becken fixieren, Rücken gerade, Kopf in Verlängerung der WS
Ende	Arme über die Seite hoch und tief dabei ein- und ausatmen	4 mal wiederholen	

Zum Schluss wird sich bei den Teilnehmer für die Teilnahme am Kurs bedankt.

17

Literaturverzeichnis

Reiß, M & Fikenzer, S. (2013): Studienbrief Gruppentraining 1

Deutsche Hochschule für Prävention und Gesundheitsmanagement ,Saarbrücken, 2013: v.a Kapitel 1 Einleitung Gruppentraining S.8

Reiß, M & Fikenzer, S. (2013): Studienbrief Gruppentraining 1

Deutsche Hochschule für Prävention und Gesundheitsmanagement ,Saarbrücken, 2013: v.a Kapitel 4 Grundlagen Didaktik/Methodik S.52

Reiß, M & Fikenzer, S. (2013): Studienbrief Gruppentraining 1

Deutsche Hochschule für Prävention und Gesundheitsmanagement ,Saarbrücken, 2013: .a Kapitel 4 Grundlagen Didaktik/Methodik S.53

Reiß, M & Fikenzer, S. (2013): Studienbrief Gruppentraining 1

Deutsche Hochschule für Prävention und Gesundheitsmanagement ,Saarbrücken, 2013: .a Kapitel 4 Grundlagen Didaktik/Methodik S.54

Reiß, M & Fikenzer, S. (2013): Studienbrief Gruppentraining 1

Deutsche Hochschule für Prävention und Gesundheitsmanagement ,Saarbrücken, 2013: .a Kapitel 4 Grundlagen Didaktik/Methodik S.59

Reiß, M & Fikenzer, S. (2013): Studienbrief Gruppentraining 1

Deutsche Hochschule für Prävention und Gesundheitsmanagement ,Saarbrücken, 2013: .a Kapitel 4 Grundlagen Didaktik/Methodik S.60

Reiß, M & Fikenzer, S. (2013): Studienbrief Gruppentraining 1

Deutsche Hochschule für Prävention und Gesundheitsmanagement ,Saarbrücken, 2013: .a Kapitel 4 Grundlagen Didaktik/Methodik S.61

Reiß, M & Fikenzer, S. (2013): Studienbrief Gruppentraining 1

Deutsche Hochschule für Prävention und Gesundheitsmanagement ,Saarbrücken, 2013: .a Kapitel 4 Grundlagen Didaktik/Methodik S.64

Übungskatalog Gruppentraining 1

Deutsche Hochschule für Prävention und Gesundheitsmanagement, Saarbrücken, 2010

Tabellenverzeichnis

Abbildungsverzeichnis